40 huellas & 1 denuncia

Alberto Ávila Morales

40 huellas
& 1 denuncia

Vision Libros

© Obra: 40 HUELLAS & 1 DENUNCIA

Primera edición: Marzo, 2024

© Autor: Alberto Ávila Morales

ISBN: 978-84-10039-39-1
Depósito Legal: M-6078-2024

Maquetación: Jesús Navarro Bravo
Portada, contraportada e ilustraciones: Eugenio Rivera Claudio

© Editado por VISION LIBROS www.visionlibros.com

Gestión, promoción y distribución: Grupo Editor Vision Net S.L.
C./ San Ildefonso 17, local, 28012 Madrid. España.
Tlf: 0034 91 3117696 // Email: pedidos@visionnet.es
www.visionnet-libros.com

Disponible en librerías físicas y online.

Las opiniones expresadas en este trabajo son exclusivas del autor. No reflejan necesariamente las opiniones del editor, que queda eximido de cualquier responsabilidad derivada de las mismas.

Para Ana María Reyes Cano
cuya huella pespuntea mi camino.

A José Luis Morante
quien deja la impronta
de su elocuente prólogo
con el cual se abre
este poemario.

A Eugenio Rivera Claudio
quien buscó por tierra, papel y éter
las huellas que envuelven
este libro de poemas.

PRÓLOGO
EL COLOR DE LA SOMBRA

En el sinsentido social de un presente enfermo, que deja su aire tóxico en la convivencia colectiva por la presencia de tantas ramificaciones apocalípticas –las guerras, los desastres climáticos, las desigualdades de riqueza, las hambrunas, los naufragios emigratorios, el vacío, la incomunicación y la grisura de la soledad– es más necesario que nunca el refugio de la escritura, el recorrido por un territorio de emociones, capaz de mostrarnos el faro encendido de la esperanza y la senda de luz de las palabras.

Alberto Ávila Morales, poeta de largo trayecto y cantautor de conocida presencia en lecturas y escenarios, ha hecho del surco escrito un semillero de entregas que germinó en las estaciones *Para Isabel. Gritos de amor contra el Alzhéimer* (2011), *La muerte de Dios* (2015), *Del Humor, al Amor, al Horror* (2016), *Atenta Mente Vuestro* (2018) y *La voz inerte* (2023). Son mimbres de un realismo especulativo que hace de la presencia verbal y su relación con el entorno una conversación de voces y silencios; un aprendizaje de lo imprescindible. Queda en el ejercicio literario, como en un cuaderno de campo, la textura sentimental del hablante lírico. La poesía evoca fragmentos significativos del recorrido existencial. Sortea sombras en el corredor tenaz de la memoria.

En *40 huellas & una denuncia* el aliento de voz toma la palabra para enfrentarse a un tiempo impredecible, a una transición de madurez que despierta el afán de mantenerse en vela frente a erosiones y carencias. En nuestro aprendizaje fragmentado el tiempo se convierte en azar y destino, reconstruye una identidad que se asoma al frío interior de los espejos. Así lo corroboran estos versos del poema inicial "Entre dos aguas": "Aún no me siento tan viejo / como para canonizar lo cotidiano / ni tan joven como para obviar lo inevitable, / pero ya el aire se huele frío / y la noche se alza más alta…". En la amanecida se hace necesario asumir el desamparo y pronunciar un mensaje de presente continuo. Existir es ser, abrir la cicatriz del día y depositar en el surco sombrío de lo perecedero una herida de luz que marque con trazo firme la cercana silueta del horizonte, ese lugar donde conviven lo etéreo y lo intangible.

Las connotaciones personales conceden al pensamiento en vela algunas respuestas. Dentro del manso cauce del día, el fluir de la conciencia sabe que la condición de ser está marcada por la piel frágil de lo transitorio. El despertar avanza con las manos desnudas. Hechos de retazos, nos convertimos en sedentarios transeúntes al paso que van dejando entre las gravas del camino las bifurcaciones y cambios de rumbo que generan las dudas. Estamos acortando distancias en un viaje otoñal que habrá de transformarnos en hijos de la tierra. Caminamos con tacto vacilante, sintiendo que alrededor van creciendo muros de silencio. Acaso sea el destino quien decida el itinerario que lleva hasta el ocaso, una estación de resplandor oscuro que guarda en su quietud la fría piel de la ceniza.

El perfil del ser busca permanencia en las palabras. Cada gesto vital es solo un leve parpadeo. La plenitud del verbo es un atisbo que aventará el viento del olvido, así que conviene reservar dentro los anclajes necesarios que mantienen la claridad auroral. Una claridad de pantalla encendida que recuerda al cine y que manifiesta una nítida empatía por la sucesión de planos y la travesía entre el color y el blanco y negro. Las secuencias generan instantáneas donde emerge una escritura incisiva, que sienta las interrogaciones en las butacas de sesión continua. La introspección hace del balance vivencial una razón de ser. Habitamos una realidad anodina, del color de la sombra, alzada con materiales humildes que no protegen del cansancio, el desaliento y la decepción. Vivir es ir sumando carencias: "A la postre hube de operarme de los ojos / porque siempre supuraban fantasía, / me anegaron de gotas de congoja / y ya no sé ver más que lo que veo". Comenzar a ver es habitar las dimensiones del patio interior: el sustrato existencial.

En el proceso de composición de Alberto Ávila Morales se dibujan los trazos de un yo poético narrativo. La escritura alza las manos al techo de la naturalidad para compartir el leño encendido de lo humano. La vida es la trama básica de *40 huellas* & *una denuncia*, título que hace un guiño a las páginas autobiográficas de Pablo Neruda. Las palabras conforman un largo soliloquio en el que predomina la reflexión, el buceo en una atmósfera inmersiva, en una zona de penumbra. La inercia de lo cotidiano acumula incertidumbres y contradicciones. De esa materia verbal está hecho el clarificador poema "Estilo". Quien pone cauce al credo incierto del pensamiento no persigue condecoraciones ni púlpitos celestes. Solo busca asentar raíces en los azarosos relieves de lo doméstico. Sentir que en su respiración desacompasada están erosiones y sueños, las abiertas cicatrices que conforman los efectos secundarios de quien amó y fue amado, de quien acepta contemplar el costado abierto por el oficio de vivir. Un oficio donde también se escucha el murmullo del otro, la tierra común del nosotros. Por ello, el ego pensante no duda en cuestionar la violencia y la barbarie que ensucian la tierra frágil de lo colectivo. La mirada poética se hace denuncia y grito, implicación y compromiso para buscar la grieta abierta de una austera estación de lejanías llamada porvenir.

La poesía de Alberto Ávila Morales escribe en el agua de la humildad. Se hace árbol de sombra para cobijar lo humano. Recuenta anotaciones vivenciales que salen al aire, sin afirmaciones trascendentes, solo como lluvia que empapa esas aceras del atardecer que, poco a poco, se van llenando de silencio.

José Luis Morante

I

SOBRE LA TIERRA

Entre dos aguas

Aún no me siento tan viejo
como para canonizar lo cotidiano
ni tan joven como para obviar lo inevitable,
pero ya el aire se huele frío
y la noche se alza más alta,
ya no rosean las albas
como cuando tu aliento zureaba
en el hueco de mi adormecido oído
y nuestros perfiles araban
la lisura de la colcha.
Ahora la claridad alumbra riesgo
y la torpeza invade los raíles del día,
ya no busca la estrategia de la sombra
la alevosía de la noche,
perdida aquella plasticidad del rostro
de cobre y sol acompañada;
siendo el mismo que eras
temes la complicidad de las horas
sabiendo que ya no tienes lo perdido
porque has gastado aquello que tuviste.
Digo: ¡Si estás vivo, vive!
¡Y enhorabuena!

En alguna parte del Edén

En la construcción del Ser
agua y barro.
En la construcción del día
una herida de luz.
Desnudez y laxitud
en la noche.
Entremedias nos sacia
la palabra; si acaso.
Algún trinar entre los árboles
y el sonido del mar que nos llama.
El pecho que bombea
a cada fibra de aire
y el pie dejando marca
en la distancia.
Cada paso dado en el camino
un latido sobre las piedras,
una huella sobre la hierba,
un diminuto acuerdo con la vida
y la búsqueda insondable
de lo etéreo.
Sustancia nacida de su sustancia.
La sincronicidad de un todo.

Arriba estrellas
marcando las distancias.
Abajo faros
señalizando el peligro
y nosotros erguidos
sobre la raya del horizonte.
Construidos de agua y barro.

Bajo el palio del aire

Aquel que me habita,
ese que dormita
bajo el palio del aire,
aquel que cantó
el último himno,
el que convertía la vida
en un paso de carruajes,
aquel que horadaba el sueño
con el rugido del alba
y perdía palabras
en un grito sin eco;
ya no necesita respuestas,
si acaso una huella
de hierro.

El despertar del alba

Por si el alba no despertase
vuela nocturno el pensamiento,
si aquello que imaginé tener
de mi mano, quizá nunca fue,
que lo que tengo adquirido
tal vez ni me pertenezca.
Esa vida que gasto
en gritos y susurros,
el tiempo pasado
que ni quiero recordar
buscando aquello que he de perder,
lo que de verdad conmigo va
apenas si llego a vislumbrar.
En el juego de la vida
y su guiño de ojos
por la estela del tiempo,
su bofetón
me advierte el quebrado silencio.
¡Levanta!
No fuera a ser
que no despertase el alba.

Con algún tinte de humor

Hoy,
en la estancia
de esta casa que me habita,
tristemente algo abandonada,
ocupada ya tal vez
por el fantasma que pronto haré,
con mis hojas escritas:
cosas nimias, obras pequeñas
manuadas en esa oscura intimidad
donde me asolo,
en esos largos silencios que me ocupan,
casi con vergüenza en las manos
por todo lo que antecede:
declaro formalmente
que soy adicto
por posesivo advenimiento
de esa enfermedad,
créase terminal, llamada Poesía.
Sin más, adjunto esta gozosa queja
para todos aquellos que no crean
en tales enfermedades.

Detrás de la puerta

Sin mí, soy.
Y ese que no está
rige el camino que no es,
deja una señal
para aquellos que no le ven
pero saben que existe.
Porque vivir es a veces eso,
ser transeúnte
de caminos extraños,
atravesar túneles oscuros,
coger bifurcaciones desconocidas,
propugnar situaciones clandestinas
intentando usurpar ciertos cielos,
poner en solfa lo evidente
siendo aquello que uno oculta.
Sabedor que en ello
se puede ir la vida
habrá que mostrar tu huella
ofreciendo la oportunidad
de salvarse de la quema.

En el camino
(buscando la respuesta)

Por preguntarle por qué
la piedra donde el pie tropezó.
Para buscar un cauce
mojé la piel en el fragoroso río.
He amasado polvo
cuando camino el sendero.
Ni la piedra, ni el río,
ni una brizna de ese polvo
me han llevado a la certeza
de cuál es el lugar
donde vaga la respuesta.
Tal vez cuando la vida
tropiece con su antagonista amiga,
mude el sitio
el canto del camino,
se seque el cauce
de la corriente
y el polvo lo invada todo;
tal vez, digo,
se halle lo buscado.

Hacia adelante

Dejé la duda
por la asertividad,
dejé el apego al barro en efigies
por la estoicidad del mirar,
dejé las noches de seda y alcohol
por la vela mental,
moderé el eco de la palabra
por no alterar
la importancia del silencio.
Camino más lento
dando importancia al llegar
sin el tropiezo de la prisa,
si ya no leo cuentos
es porque reescribo
aquel que me contaron
intentando encontrar
ese final más feliz;
si me muestro sereno
es porque en el arrebato
se derrama el vaso de la sabiduría.
Tal vez alguien piense
que me estoy haciendo viejo;

nada más lejos,
vivo con esa intensidad
que antes se diluía
en salvas de artificio.

De la imperfecta creación

Qué fácil le fue
quitarle el seso al ser
para dejarlo a su libre albedrío,
darle boca y lengua
para que se equivocara,
anidar en su cuerpo
el ansia de perdurar
procreando,
vivir sobre extremidades
en un tropiezo constante
sobre la arena del tiempo.
Qué brutal cualidad nos dejó
saber de la finitud de todo aquello.
Prefiero la tardía y sucia evolución,
al menos nos evita moldear
ídolos de barro
y eliminar al prójimo
en nombre de la frágil debilidad
de nuestro propio miedo.

El don
(a ellos)

Por dondequiera
que hunda mi huella
sonará una esquirla
de esa voz que reconozco,
ese hálito que hace estéril
todo desaliento.
Por cualquier sendero
que lleve mi derrota
me abrigará el paño
de su recuerdo,
ese traje que me ajusta,
tu apellido y el eco
que se produce al decirlo,
el efímero tono, la sustancia
que pone en pie cada jornada,
don que tú me diste
al darme vida.

Como los hijos de la Tierra

Ni tan fragoroso
como el nublado mar,
ni tan quedo
como el núbil suspiro;
así llegas, fecha sin nombre,
pero segura en su cita,
perennal entre lo vivo
buida de tristeza.
Vengan a mí
el relámpago de tu mirada,
la herida de tu caricia,
el ahogo de tu beso.
Quisiera unirme a ti
vertical sobre la tierra,
a ser posible la suerte
mirando la luz violeta
del sol al huir del mar,
lleguen a mí sus espumas últimas
enroscado al rizo de su ola,
crispada la mano sobre la arena
como se van los hijos de la tierra.

Si nos amanece

A mi amigo, Manuel Azorín,
con quien de cenizas hablo.

Con poso de tristeza
en lengua
y en deriva la escritura,
aquí yace lo anotado
y en albur quizá
mañana suene
si nos amanece otro abril
jilguero.
Sabéis que en mí porto
aquello que me disteis
y que en él os llevo;
mientras en este, nuestro jardín,
sigue lloviendo cenizas
y andan las espigas
de gris plomo crecidas.
Ni paciencia, ni acaso tiempo,
arribarán ya en mi ensenada;
así que tomad de adelantado

este poema como el débil óbolo
que os debo por lo leído:
Que sea el destino quien decida
nuestro encuentro
al otro lado de lo cierto.

Como perdices sin vuelo

¡Quién nos iba a decir!
Nosotros,
tan carne húmeda de impaciencia
y ahora rumoroso bronquiolo,
andando por rastrojos
como perdices sin vuelo,
verdiocres como la tierra misma;
se lo digo a mi amigo el portugués,
el de -SARA tan MAGO-,
si es que me hago cruces
de nuestra ceguera.
Nunca lo vemos venir
y ahí ha estado siempre,
tan inmutable
y tan avenida con todos.
Ven a decirme a mí, aquí,
tan planchado y estirado
junto a la tabla;
solo me hubiera faltado
que ajustaran pajarita al evento,
a mí, que era un Adán vistiendo,

según mi abuela
materna, en el desfile.
Ella lo hubiera dicho:
Estás desordenadamente quieto.

II

SOBRE EL PAPEL

Huellas sobre un desierto

Como aquello
que siempre huella la mirada,
la palabra impresa,
la voz en el surco
o en las ondas del invisible éter,
el brillo de un sol
que renueva su luz
o esa brisa que acaricia la piel;
acude al acto
la lucha de aquel
que alguna vez plasmó la palabra
o dio al aire su canto,
ese ojo extasiado de luz,
la piel agradecida
de aquella frescura.
Con seguridad
casi todas las muertes
merecen haber sido
vividas.

Sin remedio

Como un día
nos nacen sin pedir
y si en el reparto
la suerte nos da cobijo,
tardaremos en saber
que aquel sueño de color
pasa a ser un film
en blanco y negro;
recorrerás algún asueto,
corto en viaje,
y en un cambio de voz
en tono grave maldecirás;
bajo un sol harás sudor,
y en la nieve, blanco y frío.
A partir de ahí
montar hacienda
y un fiscal para su uso,
rasgar camisas
junto a un vaso de licor
y el tictac inexorable:
Lo siguiente puede ser
una esquela desde el exilio.

Al hijo de un dios menor

Y fui cartaginés contra el romano
y hombre sin sombra
tras las muchachas,
hube de soñar, de cuatro a siete,
lo que llamaban «sesión continua»
en algún asueto despistado de instituto;
tardé en sacar a la luz mi apellido
jugando allá por las calaveras;
el segundo, nunca me gustaron
primeras filas por aquello
de la pizarra y la colleja;
y así, de Morales mi primer fruto.
Hoy vuelvo a mí en el recuerdo,
talado y sin frutos sobre la tierra.
Nunca hay queja sino meditación
sobre la colcha.
He dicho sin queja,
pero de vez en cuando
echo de menos haber untado
Nocilla en tu tostada.

Al filo de aquel tiempo

Cuando fuimos todos jóvenes
nadie le ponía un estertor
a la noche;
todos aullábamos a la luna
sabiendo que ella
nos seguiría reconociendo
aun en nuestro áspero pelaje.
¡El mundo
nos parecía tan redondo!,
siempre acabábamos encontrándonos,
aunque algunos
ya no éramos lo mismo
y el desodorante era más importante
que la vaporosa esperanza.
Nos bebíamos hasta las gotas
del rocío mañanero
apurando la sed del condenado
sin sufrir las dunas del desierto,
teníamos aquel ángel caído
como guarda y rezábamos
arrodillados por la hierba.

¡Nunca temimos al tiempo
porque era de pulsera!
Luego, lo que cambió
fue el perfil;
se abombaron nuestros sueños
y notamos al volver aquella esquina
no encontrar la misma flor
en el ojal.

Locutivo

Porque vivir es ese diálogo cotidiano
que nos acerca a la eternidad,
hubimos de dejar miles de palabras
por el aire del camino,
palabras de taberna y dormitorio,
de hospital y verbena,
de merma y ansia –palabras–,
locución o gráfica –palabras–.
La razón del «ser»
por aclarar su estancia,
la mentira sobre la verdad
de nuestro adiós, o
ese pacto que invocamos
con lo desconocido,
una gracia que se nos dio
o la maldición de la Sibila,
ecos que quizá repita el éter.
En cualquier caso
ese clamor universal
acaba por no ser más que
el diálogo de unas sombras.

De un tiempo de luz

Nosotros,
aquellos que conocimos
la generosa luz
de la inocente niñez,
los que bebimos la luna
en los charcos de fuente
y apretamos embozos
en los miedos nocturnos,
saltando cercos de adelfas,
ignorando el veneno sutil
de aquellas mañanas.
Nosotros,
que logramos sobrevivir
a los vendavales de esparto,
cruzando desiertos de adoquín
sobre alpargatas cintadas,
alcanzamos la gloria
de ser punta de lanza
en la batalla de este presente.
Nosotros,
la legión de las sombras,

sollozamos hoy
ante el hedor del insomnio,
la turbia amanecida
cuando el orgulloso gallo
nos niega por tercera vez
como dioses profanos
en la confinada espera.

Lamentos de un loco

Tuve un lobo
que aullaba conmigo
a la luna
y una novia que se vestía
de esa luz,
un velo que cubría los misterios
y una charca que sanaba
las heridas;
veía de lejos la memoria
y tanteaba de cerca
la verdad.
Andaba con pasos de viento
parándome a escuchar
los sonidos de la hierba,
aprendí de muy pequeño
a cabalgar de carrusel;
pero siempre me asustó
el relincho de la guerra;
si hube de bañarme en el amor,
desnudito me tiraba a la piscina;
la verdad, que anduve en suerte,
hasta el borde llena de agua.

Hoy en cambio,
amanece siempre en lunes
y me visto de luto por los vivos.

A la postre hube de operarme de los ojos
porque siempre supuraban fantasía,
me anegaron de gotas de congoja
y ya no sé ver más
que lo que veo.
Aun así, me pongo
un cartel de «en venta»
por si llegara el mecenas.

El anuncio

A Carlos D'Ors

Vengo de un poema roto
anidado bajo la lluvia,
de ese fuego que no llaga,
de esa otra imagen del espejo,
alguien que camina a tientas
bajo los soportales,
tan dueño del aire
como de la nada,
movido por un rumbo
que no se ha escrito aún;
de cierto hacia lo improbable.
Del otro lado.
Vengo
crecido por la espiga
dorada del verso
que nace en la ribera del río,
en los patios
donde madura el limonero,
me muevo por las lindes del camino
a media luz leído;

engreído de dudas
y acuciado por la prisa.
Expongo aquello que no sé.

Esos días de luz extraña

Cuando se ama
lo que por dentro nos consume
como se ama ese tacto
que nos duele,
cuando comienzas a ver
todo oscuro aun oyéndolo todo
más claro.
Todo en su punto exacto.
Desde el patio interior de tu vida,
sin confundir los pasos
hoy que no vas a ninguna parte,
en la hospitalaria soledad
de tu soledad.
Cuando miras ensimismado ese mar
que se avecina acompasado
en tu profunda espera.
Cuando todo empieza
a no pertenecerte
aun estando todo a tu lado.
Aunque tu sudor no contiene
aquel juvenil sudor,
lo exudas

en la intemperie de un cuerpo
en fuga.
Entonces, y solo entonces, vislumbras
esos días de luz extraña.

El oficio de vivir

Pasear esa curva libertad
que es la vida,
la que te eleva a su grupa
en línea de versos
averiguados en horas febriles,
para volver a caer
en oscuro desánimo:
Es persistente oficio
de sabiduría.
Llegar con nombre propio
al valle de los verbos
desde la cumbre pánica
de la palabra, en defensa propia;
hacer que en comunión se unan
o en infantil ejercicio
de acera a acera se enfrenten:
Es el oficio de poeta;
mientras, se cierra la curva.

Si miro hacia atrás

¿Te acuerdas
cuando la tarde firmaba rosa
y el viento aullaba placer,
ahora que todo se oculta
entre pliegues de olvido,
o fuera de aquel nublor
que nos envolvió de a poco
y nos mató de a mucho?
Tú afirmabas la estatura
entre mis piernas, y yo
introducía entre las tuyas
mi desconsuelo.
Todo me mira hoy
desde la noche
tres mil seiscientas cincuenta
en que avistas
desde el universo;
y mira, antes de que
nos reconozcamos de nuevo,
despojados otra vez
del ropaje que nos ocultaba,

es mejor aclarar la garganta
y decirlo:
Lo importante, lo único cierto
sobre toda la confusión
de este tiempo,
fue vivir el lúcido desgarro
de la vida.

Tratado social sobre esto de la vida

Hay que vivir
siempre al borde de la huida,
marcharse
antes de que te echen;
para ello nunca vuelvas a pisar
las huellas que hiciste.
No pidas nunca asilo,
espera a merecerlo;
así conseguirás
que el pan sea siempre nuevo.
Desea
todo aquello que se nos ofrece
sin sobrepasar
la franja de lo reconocido.
Mézclate
con todas las pieles
sin arañar su textura,
haciendo de cada una
un compañero de viaje;
tendrás siempre una sombra amiga.

Bebe el vino de todas las vendimias
honrando el honor de sus campos.
Y sobre todo,
cuando alces la voz,
procura un viento que la transporte;
generalmente, nadie nos escucha.

Estilo

La verdad es que nunca pretendí
alcanzar el cielo porque
pensé que me quedaba bastante lejos.
Preferí pisar el suelo aunque
a veces me engañé
con el artero espejismo de sus reflejos.
Prendí algunas llamas de lo humano
en mujeres nunca olvidadas
y confieso que fui herido
por el rayo del amor
justo al roce de sus dunas nacaradas.
Amé lo que ellas quisieron poner
para ser amado
y por pudor me alejé
por no atarlas a mi inconstante costado.
Si pequé me condenaron,
si pené lo merecí;
hoy tal vez estoy aquí y así
por aquellos lodos lejanos.

Y aun así te confieso, amigo,
creo mereció la pena
albergar alguna condena
de las mentes biempensantes.

III

EN EL ÉTER

De lo que importa

Apócrifo narrador tal vez quisiera ser
de cuanto me ha acontecido en el caminar
por esta mi proyectada sombra diaria.
Unirme en lo íntimo a las demás
sin el acorte de las suyas,
no pisando ni un centímetro por delante
de lo requerido en este advenimiento.
Apurar su esencia por sentirme unido
a esta venida a lo terreno
y elevarme acaso con su ayuda
dejando lo efímero.

De labranza

Por poner labranza a mi voz:
la palabra como agua que escapa,
el verso como derrota anticipada,
el lenguaje como artificio de sonido,
el poema la incógnita resuelta.
Hasta aquí llega el cuerpo que me habita,
más allá lo que me vive y aniquila;
todo ello en esencia: El yo que os reclama.
Lo demás ponedlo vosotros
en la balanza de los días,
y si tenéis que huir, que no sea en fuga
con la mente saqueada,
sino a través de ello.

El discurso

Porque vendí mis alas
al peor postor
ando por los atanores
de la urbe
donde «caucea»* el discurso
del pecado y la mentira.
Porque camino a ras de tierra
me dan miedo
esos rasca-cielos
donde el vértigo se envanece;
no sufro más que la moral
del rico en su opulencia.
Soy gorrión
entre águilas visionarias
y mi sustento es la mies
del trigo recién cortado,
apago cirios con mi llanto
mientras el incienso canta

---

* Adviértase que defiendo la palabra «caucea» derivada de «cauce», del latín *calix-icis* que significa «discurrir», por considerarla más original y poética que la primera.

y miro levantarse al sol
como al dios que nos calienta.
Rezad si os doy pena,
que aquel os lo agradecerá.

La certeza

Hoy me duelen cuchillos en el paladar
y quisiera apuñalar palabras de ayer,
tener cristales en los labios
y sangrar la frase que te hiera.
Hoy se hace tensa la espera
fiando a una madrugada indecisa,
y es la prisa la que envalentona
las sabanas para emprender vuelo.
Hastío y duelo.
Duelo y hastío.
Como un cuervo posado en la rama
velando.
Y entretanto, en mi cama hastío… porque
anoche ya no viniste
y la duda se hizo certeza.

La muerte de un poeta

Sé que usted soñó
con morir a lo sagrado
mas sin desdeñar
el sexual canto poético,
abusó de endecasílabos
en tardes púberes
sobre un diván indecoroso;
hoy lo vienen a enterrar
a costa de unas décimas de más
fijadas con pertinacia en el cuerpo;
dijo alguien que fue mucho
el empeño, otro dijo que el esfuerzo,
el caso es que aquel canto
trasmutó en tuberculina
anidando con amor
junto a su pecho.

Grietas

En qué grieta de otros labios
perderán el sabor los míos
ahora que te ha llevado la sombra
al otro lado de la luz.
Y yo aquí, tan vigía de cada pared
por si acaso en alguna
la tuya apareciese.
En qué grieta del silencio
volveré a escuchar aquel murmullo
que me decía: todo está bien
                                    ¿Cuándo vienes?

De piedra

En verdad que he intentado
buscar tu pronombre,
pero me salió el credo incierto.
Me esforcé en habitar tus vestiduras,
pero se me desajustaba el traje.
Intenté exponer mi barba,
pero me hostigaban de continuo;
así que no me quedó más remedio
que ser hombre –simplemente–
de piedra –con fisuras–; pero hombre,
agarrado a la tierra, horadado
por la lluvia; pero de piedra,
como ese altar donde se vierte
la sangre de aquellas otras piedras
incrustadas en mi entorno.
Hasta que el clamor del tiempo
nos disuelva en ceniza, quizá
para ungir tu cuerpo.

La memoria del pasado

A cuanto mi memoria llega
firma la muerte por pasada,
un fogonazo extinto de luz
que el presente apaga.
Si a ella me retrotraigo
aparco el futuro.
Volviendo,
caigo de nuevo al presente
que al instante
será otra vez memoria:
como aquellas viejas cartas de amor.

Prontuario de enfermedades

Ese mal nuestro de ser,
cosidos a un tiempo
que anda a la fuga,
sabiéndonos ajenos
a lo que un conjunto de horas
resolverá pintar en nuestro lienzo.
Esa intuición de azar
en nuestra estancia,
quemando etapas
sin brisar más que el momento,
hablando de un futuro
como naufragio.
Ese dolor en el pecho
por no elevarnos a más altura
de aquello que nos advierte
como sombras, como espuma
diluida sobre arena,
madero de sacrificio.
Solo el empeño
de una jornada por medida
poniendo un paso a...

Unas líneas para decirte

Si en humo
se torna el leño,
en humo
la vana esperanza,
nuestro orgullo y oropel
gris ceniza en su mudanza:
¿Por qué camina tan solo
el ser?
Solo aquello
       a su paso
reflejado en la pared
lo acompaña.

Antes que

Antes de que me aparquen
sobre el acre manto
de una orilla: Escribo.
Antes de que mis sueños caigan
en el nombrado eterno: Escribo.
Cuando me tienta alcanzar
la solitaria cumbre
de algún poema: Escribo.
Porque a diferencia de aquellos
que todo lo expresan,
yo me exilio en el albo camino
a tientas con el silente
grito de la tinta y: Escribo.
Tal vez la cobarde altivez
de la carne busque el arma
de la pluma y el sosiego interno
de la página que me mira;
mientras, yo, febril, la poseo y:
Escribo.

Nocturnal

Apenas labio
que succiona el ardor
de la noche,
penetrada de nocturna entrega;
abróchame sobre tu cuerpo
libérrimo,
pálida cera que en la sombra
tiembla
mientras la mía ignora
el presagio oscuro
del nuevo amanecer.
Volcado en ti
de espumas y ortigas
clamo sobre tu cuello
esta desnuda eternidad.

Surca un espacio el hombre

El hombre surca un espacio:
¡Válgame lo que me digo!
Surca el hombre un espacio
donde nadie le es amigo.
El hombre surca un espacio
largo, ancho y en mucho falso;
vaga el hombre en silencio:
¡Válgame de donde salgo!
El hombre surca confines
sin detener huella sobre el camino
apenas dándose cuenta
que fía su meta en la nada.
El hombre lanza su grito
buscando siempre la acumulada distancia
y el eco siempre responde
con una larga callada.
Atento al trapo que ondea
embiste el hombre su testa
sin pararse en pensamiento
que dé luz a su tarea,
cual manso entrega su gesto
ante la guardiana que observa.

Si el tiempo pudiera al hombre dar
un atisbo de conciencia,
le hablaría de la misma luna de noche,
del mismo sol que clarea,
de cientos de trapos que ondearon
bajo el mismo cielo que él contempla.

Pero el tiempo solo son horas
que por ni saber, saben de ellas,
y el hombre, aquel trazo de espuma
que la marea se lleva.

Los regresados

Aquellos que vinieron
de un silencio prolongado,
los desterrados del camino,
los ignorados de la cuneta
vienen gritando en silencio
con sus bocas yertas,
con sus ciegos ojos
y sus manos descarnadas;
ahijados de la oscuridad
donde rezan su rosario
los gusanos de la espera.
A eso regresan,
a ser escuchados
por oídos sordos,
por vendados ojos,
por bocas ahítas
de rezar rosarios.
A eso vienen,
a exigir su tiempo.

LA DENUNCIA
Porque suene el grito

Otra vez los paredones:
¡Qué triste esencia
la de esta España
estéril de amor y ciencia!
Otra vez las descargas
sonando por los oteros,
por las aldeas sonando.
¡Qué triste esencia
la de mi tierra,
siempre sucia y llorando!
Abolidos los bailes, cantos,
risas y bosques: ¡solo páramos!
¡Qué triste esencia
la de mi patria
siempre a tientas
alumbrando!

ÍNDICE